EDELVAN JOSÉ DOS SANTOS

*Novena ao Bem-aventurado Donizetti Tavares de Lima*

Editora SANTUÁRIO

DIREÇÃO EDITORIAL:
Pe. Fábio Evaristo R. Silva, C.Ss.R.

COORDENAÇÃO EDITORIAL:
Ana Lúcia de Castro Leite

COPIDESQUE:
Sofia Machado
Luana Galvão

REVISÃO:
Ana Lúcia de C. Leite

DIAGRAMAÇÃO:
Bruno Olivoto

CAPA:
Santuário Nossa Senhora
Aparecida de Tambaú

Textos bíblicos extraídos da *Bíblia de Aparecida*, Editora Santuário, 2006

ISBN 978-85-369-0612-6

1ª impressão

Todos os direitos reservados à **EDITORA SANTUÁRIO** – 2019

Rua Pe. Claro Monteiro, 342 – 12570-000 – Aparecida-SP
Tel.: 12 3104-2000 – Televendas: 0800 - 16 00 04
www.editorasantuario.com.br
vendas@editorasantuario.com.br

# Beato Donizetti Tavares de Lima

Donizetti Tavares de Lima, popularmente conhecido como Padre Donizetti de Tambaú, nasceu no dia 3 de janeiro de 1882 em Cássia, MG. Filho de Tristão Tavares de Lima e Francisca Cândida Tavares de Lima, ele recebeu o sacramento do batismo em 22 de janeiro daquele ano, na paróquia de Santa Rita de Cássia. Aos quatro anos, Donizetti mudou-se com sua família para Franca, SP, e na adolescência ingressou no colégio Monsenhor João Soares, em Sorocaba.

Com 21 anos, o jovem sentiu-se chamado ao sacerdócio e matriculou-se na Faculdade de Filosofia do Seminário Diocesano de São Paulo. Em 20 de fevereiro de 1905, Donizetti aceitou o pedido de Dom João Batista Corrêa Nery, sendo transferido de Vitória, ES, para Pouso Alegre, MG, para terminar os estudos eclesiásticos nesta cidade. Nomeado clérigo em 20 de maio de 1907 e ordenado sacerdote em 12 de julho de 1908,

Padre Donizetti começou sua missão na paróquia de São Caetano.

Depois de ter sido transferido para a diocese de Campinas, SP, sendo vigário na paróquia de Santa Maria, em Jaguariúna, e, em seguida, transferido para a diocese de Ribeirão Preto, como vigário de Vargem Grande do Sul, Padre Donizetti mudou-se para Tambaú em 14 de junho de 1926. Aos 56 anos, o humilde sacerdote assinou um testamento passando todos os seus bens à paróquia de Tambaú.

A partir de 30 de maio de 1954, começaram as grandes peregrinações do povo de Deus a essa cidade. Há relatos de que Padre Donizetti ficou conhecido graças à cura das feridas das pernas de um vendedor de vinho. Esse homem teria divulgado o milagre aos comerciantes das cidades vizinhas; por isso, Tambaú começou a receber romeiros à procura do sacerdote. Muitos milagres começaram a ser narrados pelos fiéis, fazendo com que a pequena cidade acolhesse cerca de 40 mil visitantes todos os dias.

Tamanha foi a fama de santidade de Padre Donizetti, ainda antes de seu falecimento, que ele recebia cartas dos quatro cantos do Brasil, aliás, chegavam correspondências do Uruguai, da Espanha, de Portugal, da Itália, dos Estados Unidos, dentre outros países.

A Praça dos Milagres tornou-se palco de imensa multidão. Eram crianças, homens, mulheres e idosos caminhando, arrastando-se ou transportados em macas à espera de um milagre. O santo padre celebrava a missa, às 7h da manhã, em um altar instalado na porta principal da capela de São José. Inicialmente, dava as bênçãos ao povo de Deus da janela de sua casa, contudo, com o expressivo aumento de fiéis, passou para um pequeno palanque construído à porta de sua residência.

Em 16 de junho de 1961, Padre Donizetti faleceu, aos 79 anos, às 11h15, na casa paroquial de Tambaú.

O estimado sacerdote nunca deixou de lado seu voto de pobreza; morou em uma modesta casa, com poucos móveis e utensílios. Sempre trajado com uma trivial batina preta, mantinha guardada uma melhor, que reservava para ocasiões solenes. Estas foram suas palavras, quando proferiu seu voto de pobreza: "No dia em que compreendi qual era minha vocação, decidi que minha vida deveria ser dedicada totalmente à Igreja, a serviço do povo de Deus. E o distanciamento do dinheiro e dos bens temporais, para mim, é necessário, a fim de me dedicar verdadeiramente aos outros".

Padre Donizetti foi responsável por diversas obras sociais, dentre as quais a criação da Associação de Proteção à Maternidade e Infância de Tambaú, a fundação do asilo São Vicente de Paulo e também da Congregação Mariana, da Irmandade das Filhas de Maria e do Círculo Operário Tambauense. Durante seu sacerdócio, sempre se notava sua preocupação em servir aos pobres, doentes e marginalizados.

No dia 8 de abril de 2019, papa Francisco decretou o reconhecimento do milagre pela intercessão do venerável servo de Deus Padre Donizetti, passando a ser considerado beato da Igreja Católica. Esse milagre se deve à cura inexplicável de uma criança com caso de pé torto congênito bilateral. A beatificação aconteceu em 23 de novembro de 2019, em Tambaú. A festa litúrgica do bem-aventurado Donizetti Tavares de Lima é celebrada em 16 de junho, data de seu falecimento. Ele é exemplo para todos os cristãos de humildade, de perseverança no serviço aos pobres, às crianças e aos marginalizados, além de infinito amor a Deus e de copiosa devoção a Nossa Senhora Aparecida.

# Oração inicial

– Em nome do Pai, do Filho e do Espírito Santo.
**– Amém!**
– A nossa proteção está no nome do Senhor,
**– que fez o céu e a terra!**
– Ouvi, Senhor, minha oração!
**– E chegue até vós meu clamor!**

– Vinde, Espírito Santo, enchei os corações de vossos fiéis e acendei neles o fogo de vosso amor. Enviai vosso Espírito, e tudo será criado! E renovareis a face da terra!

*Oremos:* Ó Deus, que instruístes os corações de vossos fiéis com a luz do Espírito Santo, fazei que apreciemos retamente todas as coisas, segundo o mesmo Espírito, e gozemos sempre de sua consolação. Por Cristo, Senhor nosso. Amém!

## Oração pela Canonização do Beato Donizetti Tavares de Lima

Ó Deus, que ornastes a vida do Beato Donizetti Tavares de Lima com amor à Igreja e a devoção a Nossa Senhora Aparecida, fazendo-o instrumento da vossa bênção na vida do povo de Deus, concedei-nos a graça de que tanto precisamos *(faça seu pedido)*. Por Nosso Senhor Jesus Cristo. Amém.

*(Com Aprovação Eclesiástica)*

# Oração final

Ó bem-aventurado Donizetti Tavares de Lima, viveste em benefício de tantos necessitados, revelando o Amor de Cristo pelo amor ao próximo. Tu te consagraste a Nossa Senhora Aparecida e a seu filho Jesus pela promessa de ser fiel missionário da Igreja, com voto de pobreza, assumindo uma vida desprendida dos valores materiais. Ajuda-nos em nossa caminhada, auxilia-nos em nossas desesperanças e intercede por todos nós junto a Deus Pai. Ó glorioso beato Donizetti Tavares de Lima, nós te agradecemos as inúmeras graças alcançadas e tua intercessão em benefício de tantos que a ti recorrem.

*(Rezar 1 Pai-Nosso, 3 Ave-Marias e 1 Glória ao Pai).*

Ó Trindade Santa, iluminai nossas famílias, sede consolo para os aflitos e abençoai nossos trabalhos. Dai-nos um puro coração, capaz de amar verdadeiramente nossos irmãos por atitudes concretas e purificai nossos pensamentos do mal da cobiça e da soberba. Tudo isso vos pedimos com confiança na divina misericórdia. Em nome do Pai, do Filho e do Espírito Santo. Amém!

# 1º dia
# *Padre Donizetti e a fé inabalável*

**1. Oração inicial** *(p. 7)*

**2. Palavra de Deus** *(Mc 11,22-25)*
Disse Jesus a Pedro: "Tende fé em Deus. Na verdade vos digo: se alguém disser a este monte: 'Sai daqui, lança-te ao mar', sem duvidar em seu coração, mas crendo que se cumprirá sua palavra, ele o obterá. Por isso vos digo: tudo o que pedirdes na oração, crede que já o recebestes, e vos será concedido. E, quando estiverdes de pé para rezar, se tiverdes alguma coisa contra alguém, perdoai, para que vosso Pai, que está nos céus, perdoe-vos também vossos pecados".
– Palavra da Salvação.

**3. Reflexão**
Se soubéssemos o poder da fé, certamente jamais haveria um ser capaz de duvidar da exis-

tência do Pai! O pedido feito por Jesus a Pedro é também o desejo dele para nossa vida de cristãos: "Tenha fé!" Desejo compreendido por Padre Donizetti, que manteve uma fé profunda e inabalável no Senhor, realizando inúmeros milagres pelas mãos do Altíssimo, durante suas bênçãos.

Padre Donizetti sempre proferiu, nas pregações ao povo de Deus, que "para quem não crê, nenhuma explicação é possível. Para quem crê, nenhuma explicação é necessária". A partir desse ensinamento de nosso amado beato, compreendemos que, no instante em que plenamente acreditarmos em Cristo e no impossível, receberemos dos Céus o que pedirmos ao Pai pela força da oração. Também somos chamados a refletir sobre a fé pelas palavras do beato Donizetti Tavares de Lima, que nos orienta que, ao crermos em Deus, não necessitamos justificar a ninguém as maravilhas realizadas em nossa vida. Aquele que realmente crê sabe que o Onipotente agiu em seu favor, contra toda espécie do mal.

A fé é indispensável em nossa caminhada, é uma virtude divinal concedida a nós mortais, que reanima nossas forças e nos encoraja a ultrapassarmos as provações diárias. Não basta apenas dizer "tenho fé", pois a credulidade vai muito além de palavras; é preciso permitir a ação do Paráclito em nossos pensamentos para que possamos atingir o mais alto grau da ação de Deus em nosso ser.

Peçamos ao Senhor que nos conceda a inteligência necessária para nunca desacreditarmos seu poder. Ó admirável Padre Donizetti, ajuda-nos a transformar nossos corações incrédulos em fonte de bênçãos na vida dos irmãos perdidos na fé. Amém!

### 4. Preces do dia

– Para que nunca percamos a fé e para que sintamos a presença da Trindade Santa agindo em nosso meio, nos momentos mais conflituosos da vida, rezemos ao Senhor.

**– Senhor, escutai nossa prece!**

– Para que não busquemos Deus somente nos sofrimentos e nas angústias, mas aprendamos a sempre agradecer aos Céus as bênçãos recebidas, rezemos ao Senhor.

### 5. Oração final *(p. 9)*

# 2º dia
# *Padre Donizetti, o obediente ao projeto do Pai*

**1. Oração inicial** *(p. 7)*

**2. Palavra de Deus** *(Jo 14,23-26)*
Disse Jesus: "Se alguém me ama, guardará minha palavra, e meu Pai o amará, viremos a ele e faremos nele nossa morada. Quem não me ama não guarda minhas palavras. A palavra que estais ouvindo não é minha, mas do Pai, que me enviou. Eu vos disse essas coisas estando convosco. Mas o Paráclito, o Espírito Santo, que o Pai vai enviar em meu nome, ele vos ensinará todas as coisas e vos recordará tudo o que eu vos disse".
– Palavra da Salvação.

**3. Reflexão**
A obediência de nosso bem-aventurado Donizetti Tavares de Lima sempre foi notável. O comprometimento em ajudar os mais necessitados era percepti-

vel em suas atitudes concretas. Um conselho amigo, benfeitorias à comunidade, preocupação com o futuro das crianças e dos idosos, tudo o que fez em sua caminhada sacerdotal foi por amar sem medida ao próximo e, sobretudo, a Deus.

Sim, para obtermos a salvação prometida pelo Pai, necessitamos, primeiramente, abrirmos nosso coração ao clamor do semelhante, sofrido pelos descasos sociais. Se esperarmos que os governantes façam sua parte, por vezes, nada é feito, e tudo se estagna. E, desse modo, não estamos nos comprometendo com o projeto de Deus: edificarmos seu Evangelho pela fraternidade.

Impossível imaginar alguém dizer "Jesus, sigo vossos ensinamentos!" e não se entregar de corpo e alma à caridade, pois ela é uma virtude essencial para o amante de Cristo. Nosso Salvador amou os pecadores e os pobres, acolhendo em seus braços os marginalizados, vítimas de uma sociedade injusta e impiedosa. Sua compaixão estendeu-se aos famintos e sedentos de justiça. Promoveu a vida e a dignidade humana, sem exclusão, sendo capaz de redimir o mundo inteiro de todas as falhas pela crucificação.

E foi assim que procurou viver o bem-aventurado Donizetti Tavares de Lima: sentiu o sofrimento alheio em sua alma, pediu as bênçãos do Céu para o povo de Deus e as distribuiu em meio à multidão, pela imposição de suas mãos, fazendo-se um instrumento do Pai.

Senhor, que a caridade habite nosso ser; dai-nos a coragem de assumirmos com fervor o papel de cristãos autênticos, que não se calam diante da desigualdade social e repartem com os empobrecidos seus bens, sem pensar em recompensas terrenas, como o Cristo ensinou. Amém!

### 4. Preces do dia

– Para que nossa Igreja seja sempre anunciadora da Verdade, professada por Cristo, e acolhedora dos indefesos e marginalizados, rezemos ao Senhor.

**– Senhor, escutai nossa prece!**

– Para que nossa fé nunca se fundamente na hipocrisia, que visa somente aos próprios interesses e distancia do projeto do Pai, rezemos ao Senhor.

### 5. Oração final *(p. 9)*

# 3º dia
# *Padre Donizetti*
# *a serviço dos pobres*

## 1. Oração inicial *(p. 7)*

## 2. Palavra de Deus *(Mt 25,37-40)*

Os justos lhe perguntarão: "Mas, Senhor, quando foi que te vimos com fome e te demos de comer, com sede e te demos de beber, estrangeiro e te acolhemos, ou nu e te vestimos, doente ou na prisão e te fomos visitar?" Aí o rei responderá: "Na verdade vos digo: toda vez que fizestes isso a um desses mais pequenos dentre meus irmãos foi a mim que o fizestes!"

– Palavra da Salvação.

## 3. Reflexão

Podem tentar tirar tudo dos pobres, até mesmo a dignidade, mas jamais conseguirão tirar "a melhor parte, pois Jesus está no pobre", dizia Padre Donizetti. Iniciamos nossa reflexão, neste dia de novena, com essa profunda mensagem de nosso bem-aventurado Donizetti Tavares de Lima, que tanto amou os pobres, doando-se inteiramente a servi-los em suas necessidades físicas e espirituais.

Quantas vezes encontramos nas ruas irmãos sem teto, sem o que vestir ou o que comer? Esta triste realidade assola todo o mundo: poucos com muito e milhões sem nada.

Desde a época de Cristo, a soberba e o egoísmo desmedidos já eram entraves à construção de uma sociedade justa e fraterna, tanto que Jesus se preocupou em alertar-nos sobre as pessoas mais oprimidas de seu tempo: os famintos e sedentos, maltrapilhos e doentes e também os encarcerados. Ainda, o Senhor nos orienta sobre o dever cristão de fazer o bem aos marginalizados, descartáveis para a sociedade capitalista, mas preciosos aos olhos de quem ama de verdade o Pai.

Nosso beato comprometeu-se em fazer do ministério sacerdotal a ponte para conduzir os pobres até o Ressuscitado. Seu voto de pobreza foi sinal de empatia com os irmãos desvalidos. Padre Donizetti quis colocar-se no lugar dos empobrecidos; não necessitava de bens materiais, pois já tinha o suficiente em sua vida: o amor de Cristo.

Aprendamos com o saudoso beato Donizetti Tavares de Lima a estender nossas mãos a esses pequeninos, ignorados pela sociedade, pois somente assim estaremos dando prova real de que somos discípulos de Cristo e merecedores de sua salvação eterna. Amém!

### 4. Preces do dia

– Para que pratiquemos os dons recebidos de Deus, em favor dos irmãos marginalizados, e sejamos seus defensores, diante das injustiças sociais, rezemos ao Senhor.

**– Senhor, escutai nossa prece!**

– Para que procuremos servir ao próximo, sem esperar em troca recompensas materiais, e trabalhemos em prol de uma sociedade mais fraterna, rezemos ao Senhor.

### 5. Oração final *(p. 9)*

# 4º dia
# *Padre Donizetti, o humilde sacerdote de Deus*

**1. Oração inicial** *(p. 7)*

**2. Palavra de Deus** *(Rm 12,3-5)*

Em virtude da graça que me foi dada, eu digo a todos e a cada um: não tenhais de vós mesmos um conceito mais elevado do que convém, mas um conceito modesto, cada um segundo o grau de fé que Deus lhe concedeu. Pois, assim como em um só corpo temos muitos membros e esses membros não têm todos a mesma função, assim também nós, embora sejamos muitos, somos um só corpo em Cristo e todos somos membros uns dos outros, cada um por sua parte.

– Palavra do Senhor.

**3. Reflexão**

Todos que vinham a Tambaú se maravilhavam com as palavras do Padre Donizetti. Reconheciam sua humildade em seu jeito de tratar a todos, pois não queria se engrandecer, queria somente que a multidão fosse atraída pelo amor de Deus derramado pelas bênçãos e pelos milagres testemunhados.

Sim, se quisermos manter uma experiência de fé assemelhada a que nosso bem-aventurado possuiu, necessitamos primeiramente de um coração modesto e desapegado do dinheiro, agradecido pelo pouco obtido pelo esforço do trabalho. Além disso, precisamos de um coração fortalecido pelos dons do Espírito Santo, que se distancie de atitudes e pensamentos malignos.

Hoje, encontramos frequentemente pessoas que se acham autossuficientes, não têm o coração aberto às necessidades alheias e ainda se sentem superioras a todos. Essa atitude abominável apenas destrói, pois despreza a fraternidade e dissemina a arrogância e a soberba, características de quem preza pela individualidade e pela busca dos próprios interesses.

Façamos um exame de consciência, pensemos se estamos agindo conforme os preceitos do Pai. O mundo clama por homens iguais ao beato Donizetti Tavares de Lima, que vivem em favor do próximo e não se exaltam por suas virtudes.

Senhor, que meu agir resplandeça o que vós desejais de mim. Auxilia-me, bem-aventurado Donizetti Tavares de Lima, a ser manso e humilde de coração, pois quero viver para Deus e um dia estar em sua glória. Assim seja!

### 4. Preces do dia

– Para que trabalhemos pelo Reino dos Céus com o coração humilde, que não se vangloria do bem realizado, e tenhamos ânimo e coragem para servir aos mais necessitados, rezemos ao Senhor.

**– Senhor, escutai nossa prece!**

– Para que sejamos construtores da Paz, levando o Evangelho aos que desacreditaram o amor do Pai e ajudando-os a encontrarem novo sentido para viver unidos a Cristo, rezemos ao Senhor.

### 5. Oração final *(p. 9)*

# 5º dia
# *Padre Donizetti*
# *e a louvável missão*

**1. Oração inicial** *(p. 7)*

**2. Palavra de Deus** *(Mc 16,15-18)*

Jesus disse aos apóstolos: "Ide pelo mundo inteiro e proclamai o Evangelho a toda criatura! Quem crer e for batizado será salvo. Quem não crer será condenado. Estes são os sinais que acompanharão os que creem: em meu nome expulsarão demônios, falarão línguas novas, pegarão em serpentes e nada sofrerão se beberem algum veneno, imporão as mãos sobre os doentes e estes ficarão curados".

– Palavra da Salvação.

**3. Reflexão**

Desde jovem, o beato Donizetti Tavares de Lima sabia que Deus havia lhe reservado uma valorosa missão: ser discípulo de Cristo pelo sacerdócio e levar seu Evangelho aos mais necessitados.

Viveu 35 anos de sua vida missionária em Tambaú, conquistando o carinho de toda a população, inclusive de milhares de fiéis devotos que vinham até a cidadezinha para receberem sua bênção.

Os milagres ocorridos, durante a consagração, eram incontestáveis aos olhares de quem acreditava no poder da oração, em nome de Cristo. Estendia as mãos sobre aquela multidão, pedindo aos Céus misericórdia diante das misérias humanas. Eis que o Paráclito repousava sobre todos aqueles que confiavam na proteção do Pai, e curas subitamente aconteciam.

Infelizmente, ainda há incrédulos que não aceitam que novo sol brilhou quando a morte foi superada pelo triunfo do Ressuscitado. Sustentam-se no charlatanismo de falsos profetas para afirmarem que milagres não acontecem e que Deus não existe. Mas somos agraciados, porque vivemos a alegria de sermos batizados e crermos no Pai, no Filho e no Espírito Santo.

Deus misericordioso, neste instante, pedimos-vos perdão pelas vezes em que duvidamos de vosso amor paternal. Dai-nos a graça de termos uma fé transformadora; queremos ser missionários do Evangelho. Ó amado bem-aventurado Donizetti Tavares de Lima, roga por nós diante do Pai Eterno, para não desanimarmos da caminhada de fé. Que sejamos promotores da Paz, sendo solícitos às necessidades do irmão. Amém!

**4. Preces do dia**

– Para que nunca nos acomodemos diante da perversidade dos poderosos e lutemos pelo bem comum, exigindo de nossos governantes projetos que favoreçam os mais pobres, rezemos ao Senhor.

**– Senhor, escutai nossa prece!**

– Para que jamais nos distanciemos da missão a nós confiada pelo Pai, servindo a todos com carinho e amor, sendo compassivos com as misérias dos irmãos, rezemos ao Senhor.

**5. Oração final** *(p. 9)*

# 6º dia
# *Padre Donizetti*
# *e o amor ao próximo*

**1. Oração inicial** *(p. 7)*

**2. Palavra de Deus** *(Jo 15,9-13)*
Jesus disse: "Como o Pai me amou, assim também vos amei. Permanecerei em meu amor. Se guardais meus mandamentos, permanecereis em meu amor, assim como eu guardei os mandamentos de meu Pai e permaneço em seu amor. Eu vos disse estas coisas para que minha alegria esteja em vós, e vossa alegria seja plena. Este é meu mandamento: que vos ameis uns aos outros como eu vos amei. Ninguém tem maior amor do que este: dar a vida por seus amigos".
– Palavra da Salvação.

**3. Reflexão**
Nosso Padre Donizetti sempre demonstrou carinho pelo povo, amou sem distinção aqueles que recorriam a seu auxílio. Seu jeito amigo e

fraterno de receber os fiéis atraía sempre mais pessoas a Tambaú. Amando o próximo, sentia-se amado por Deus Pai.

Amar o próximo exige muito de nós; entregar--se ao outro sem reversas pode causar incômodo para muitos, que sentem ferir seu orgulho. Em muitas ocasiões, amamos somente quem nos retribuiu esse afeto, mas negamos nossa atenção e nosso carinho àqueles que nos menosprezam.

Ficamos cegos e não enxergamos Deus no irmão, quando esse nos humilhou. Mas reflitamos: quantas vezes também dissemos palavras agressivas, por não compreendermos que Deus estava presente no semelhante? Não gostaríamos de sermos perdoados pelas vezes que deixamos nossa soberba sobressair à humildade? Com certeza, nosso próximo também deseja nosso perdão... Precisamos amar mais e pecar menos, para que o amor triunfe no meio de nós!

O amor torna-se mandamento cumprido, quando nos permitimos amar os que nos ofendem e, se não formos correspondidos, pedimos de coração sincero que o Pai seja misericordioso com os amargurados e rancorosos. Este é o princípio do supremo amor: amar os que nos odeiam, perdoar aos que nos caluniam, orar pelo bem daqueles que desejam somente nosso mal e ofertar nossa vida aos que querem nossa destruição.

Ó bem-aventurado Donizetti Tavares de Lima, aprendeste com o Cristo a amar plenamente o rico e o pobre, a criança e o ancião. Intercede por nós, para que renovemos o coração, sem a mancha do pecado. Ajuda-nos a exterminar os maus pensamentos, que nos impedem de amparar os sofredores. Queremos comprometer-nos com os preceitos do Senhor, respeitando a vida e promovendo o amor entre os filhos de Deus. Amém!

### 4. Preces do dia

– Para que em nossas orações não nos esqueçamos de pedir por aqueles que nos odeiam e perdoemos, com coração sincero, as faltas cometidas contra nós, como Jesus Cristo nos ensinou, rezemos ao Senhor.

**– Senhor, escutai nossa prece!**

– Para que o Espírito Santo transforme nossa vida, retirando-nos todo rancor, que destrói nossa alma, e ajudando-nos a deixar de lado o orgulho e perdoar para sermos perdoados, rezemos ao Senhor.

### 5. Oração final *(p. 9)*

# 7º dia
# *Padre Donizetti a caminho da santidade*

**1. Oração inicial** *(p. 7)*

**2. Palavra de Deus** *(1Pd 1,13-16)*
Depois de ter preparado vossa mente para agir, sede vigilantes e esperai plenamente na graça que vos será dada pela revelação de Jesus Cristo. Como filhos obedientes, não sigais os maus desejos de outrora, quando estáveis na ignorância, mas, assim como é santo aquele que vos chamou, tornai-vos santos vós também em toda a vossa conduta, porque está escrito: "Sede santos, porque eu sou santo".
– Palavra do Senhor.

**3. Reflexão**
Ainda na terra, o bem-aventurado Donizetti Tavares de Lima ficou afamado como homem santo de Deus. Os sinais da providência divina eram relatados pelos fiéis, que pediam a cura ou a solução dos pro-

blemas, fosse durante as bênçãos do beato em Tambaú ou mesmo estando em longínquas cidades, ao pedirem a intercessão do virtuoso sacerdote.

Não há dúvida sobre a santidade do estimado Padre Donizetti, ele sempre buscou ser sinal da presença de Cristo no meio do povo; nunca desejou ser reconhecido por seus atos, mas deram-lhe reconhecimento devido, porque nosso Deus assim o quis.

O Senhor também nos convida a sermos santos, a vivermos intimamente ligados a seu amor. Para trilhar o caminho da santidade, não basta realizar prodígios entre os seus ou ter capacidade extraordinária. Para sermos santos, basta honrarmos nosso Deus, sendo realmente humanos com o semelhante. Sim, falta a humanidade nas atitudes e nos pensamentos de muitos homens desta terra. Atualmente, a crueldade quase não causa assombro quando presenciamos corrupção, assaltos, assassinatos, guerras... Mal nos damos conta de que Jesus novamente está sendo crucificado nas vítimas de tais brutalidades e os Herodes continuam impiedosos, contaminados pela sede de poder e de destruição.

Ó Pai Onipotente, queremos responder "sim" a vosso chamado à santidade. Concedei-nos a graça de termos um coração humilde e compassivo com as dores e os gritos dos humilhados, que foram excluídos da mesa da fraternidade e clamam por justiça social. Amém!

### 4. Preces do dia

– Para que nossa caminhada de fé seja pautada na busca incessante à santidade, na prática da caridade e na luta pelos oprimidos, rezemos ao Senhor.

**– Senhor, escutai nossa prece!**

– Para que os ensinamentos do bem-aventurado Donizetti Tavares de Lima nos conduzam a servir à Igreja e a amar aos pobres e injustiçados, rezemos ao Senhor.

### 5. Oração final *(p. 9)*

# 8º dia
# *Padre Donizetti,*
# *o fiel devoto de*
# *Nossa Senhora Aparecida*

**1. Oração inicial** *(p. 7)*

**2. Palavra de Deus** *(Lc 1,46-50)*
Disse Maria: "Minha alma engrandece o Senhor e meu espírito se alegra em Deus, meu Salvador, porque Ele olhou para sua humilde serva; pois daqui em diante todas as gerações proclamarão que sou feliz! Porque o Todo-Poderoso fez por mim grandes coisas e santo é seu nome. De geração em geração se estende sua misericórdia sobre aqueles que o temem".
– Palavra da Salvação.

**3. Reflexão**
No dia 11 de outubro de 1929, Padre Donizetti presidia a celebração da santa missa na igreja São

José, quando recebeu a trágica notícia de que a matriz de Tambaú estava em chamas por um curto-circuito. Terminada a missa, dirigiu-se apressadamente para o local, mas o fogo já havia tomado toda a igreja, causando destruição total da matriz.

Eis que um sino de bronze, com cerca de trezentos quilos, despencou-se e abriu uma passagem em meio ao braseiro; o humilde padre conseguiu adentrar a nave da igreja. O bem-aventurado caminhou até o altar lateral, apanhando cuidadosamente a imagem de Nossa Senhora Aparecida, que caíra no chão, mas tinha apenas um chamuscado no manto e encontrava-se intacta em meio às chamas.

O santo padre saiu emocionado com a imagem contra o peito, dirigiu-se à casa paroquial e a depositou em uma estante. Todos os expectadores ficaram admirados pelo divino sinal, pois não havia explicação de como apenas a imagem da Padroeira do Brasil manteve-se perfeita em meio ao incêndio. Esse acontecimento foi considerado como milagre realizado pela intercessão da Virgem Maria, graças ao poder do Altíssimo.

O amor de filho consagrado salvou a frágil imagem, que representa a Virgem Imaculada de todo o povo brasileiro, a Mãe da Humanidade, que nos ama, incondicionalmente, e traz em seu ventre aquele que sempre será a razão de nossa fé: o Cristo Salvador. Amém!

### 4. Preces do dia

– Para que jamais aceitemos que os falsos profetas manchem o nome da Mãe de Deus e para que tenhamos a Sabedoria do Espírito Santo, para revelar a esses corações que Nossa Senhora é a medianeira das graças e seu Filho, nosso Salvador, rezemos ao Senhor.

**– Senhor, escutai nossa prece!**

– Para que Nossa Senhora Aparecida interceda por nossas famílias, para que permaneçamos unidos pelo poder da oração, não permitindo que as sementes da traição, da discórdia e do desrespeito nasçam em nossos lares, rezemos ao Senhor.

### 5. Oração final *(p. 9)*

# 9º dia
# *Padre Donizetti,*
# *nosso amado intercessor*

**1. Oração inicial** *(p. 7)*

**2. Palavra de Deus** *(Mt 6,6-8)*

Disse Jesus: "Quando fores rezar, entra em teu quarto, fecha a porta e reza a teu Pai em segredo, e teu Pai, que conhece todo segredo, dar-te-á a recompensa. Em vossas orações, não useis muitas palavras, como fazem os pagãos, pensando que Deus os atende devido às orações longas. Não os imiteis, porque vosso Pai sabe o que precisais, antes mesmo que lho peçais".

– Palavra da Salvação.

**3. Reflexão**

Eis o milagre que concedeu a beatificação a nosso querido Padre Donizetti Tavares de Lima. Bruno Henrique Arruda de Oliveira nasceu em 22 de maio de 2006, em Casa Branca, SP, e foi constatado, logo após seu nascimento, que possuía uma deformidade complexa, denominada "pé torto congênito".

A mãe, Margarete Rosilene Arruda de Oliveira, ficou desesperada ao saber que se tratava de uma anomalia de tratamento moroso e que seu filhinho poderia, futuramente, usar gessos, bota ortopédica e até necessitar de intervenção cirúrgica. Mesmo assim, os pezinhos poderiam ficar anormais, causando sequelas.

Quando Bruno começou a ficar em pé, não tinha capacidade de encostar as solas dos pés no chão, somente pisava com os lados dos pés, além de ter as pernas totalmente arqueadas. Pelo exame de raio X e laudo, pediatra e ortopedista constataram a deformidade.

Certa noite, antes de pôr o filhinho para dormir, Margarete tentou desentortar os pezinhos de Bruno, estando em pé sobre a mesa da cozinha, mas tudo foi inútil. A mãe, desconsolada, chorava incessantemente e clamava pela intercessão do saudoso Padre Donizetti: "Por favor, Santo Pe. Donizetti, tenha piedade desta sua filha que o clama, ajude-me: cure meu filho, cure os pés dele... Sei que terei um caminho difícil pela frente com esse tratamento... Interceda por mim junto a Nossa Senhora Aparecida; sei que Ela não negará um pedido do senhor, padre, pois Ela o ama muito. Peça a Ela, por favor, que interceda ao filho Jesus, tal qual nas bodas de Caná. Pe. Donizetti, se o senhor atender meu pedido, prometo ir até sua casa em Tambaú e levar o sapatinho de meu filho Bruno, para que dê o testemunho de seu poder junto a Nossa Senhora e Jesus e para que outros que sofrem possam também pedir sua ajuda. Obrigada, essa é minha vontade, mas que seja feita a vontade de Deus sobre todas as vontades... Amém!"

No dia seguinte, quando a mãe colocou Bruno novamente em pé sobre aquela mesa, ela teve uma inacreditável surpresa: a criança pisou com os pés retos, as solas tocavam totalmente a superfície, somente as pernas permaneciam arqueadas.

Quando chegou a próxima consulta, o ortopedista José Elias afirmou à mãe que Bruno não tinha mais a anomalia nos pés, tudo estava normal e que, se ela acreditasse em Deus, deveria agradecer-lhe tamanho milagre. Margarete saiu do consultório emocionada e grata ao Padre Donizetti, a Nossa Senhora Aparecida e ao Pai Onipotente.

Em 2010, Margarete e sua família foram a Tambaú, SP, cumprir a promessa, levando os sapatinhos de Bruno e o laudo médico, deixando-os sobre a cama de Padre Donizetti. Também escreveu uma carta relatando sua história de fé e agradecendo a intercessão do saudoso padre.

Atualmente, Bruno mantém sua saúde em perfeito estado, além disso, suas pernas desentortaram e seus pés estão completamente normais, sem nenhum tratamento e cirurgia.

Esse milagre transitou por três estágios de avaliação, sendo um encontro com peritos médicos que analisaram o fato e deram o aval científico, depois uma reunião com teólogos e, por último, a aprovação final do colégio cardinalício, reconhecendo a veracidade do milagre com unanimidade em todas as etapas.

O povo brasileiro confia em tua intercessão, Padre Donizetti, e graças e louvores sejam dadas a Deus Pai por tamanha misericórdia, pelos incontáveis milagres acontecidos em nosso meio. Bem-aventurado Donizetti Tavares de Lima, roga por todos nós! Assim seja, por todos os séculos dos séculos. Amém!

### 4. Preces do dia

— Para que nunca nos falte a esperança de dias melhores, para que a paz reine em nossas cidades e vivamos em comunhão, como verdadeiros filhos de Deus, rezemos ao Senhor.

– **Senhor, escutai nossa prece!**
– Para que jamais nos esqueçamos de invocar o Espírito Santo, pedindo-lhe o Entendimento para profetizarmos as maravilhas realizadas em nosso meio, pela intercessão do beato Donizetti Tavares de Lima, sendo reconhecido pela Igreja Católica seu segundo milagre, que o conduzirá à canonização, rezemos ao Senhor.

**5. Oração final** *(p. 9)*

A marca FSC® é a garantia de que a madeira utilizada na fabricação do papel deste livro provém de florestas que foram gerenciadas de maneira ambientalmente correta, socialmente justa e economicamente viável.

Este livro foi composto com as famílias tipográficas Avenir, Bellevue e Calibri e impresso em papel Offset 75g/m² pela **Gráfica Santuário.**